LA QUESTION POLONAISE

ET EUROPÉENNE

LE CONGRÈS ET NAPOLÉON III

PARIS. — IMPRIMERIE SCHILLER, FAUBOURG MONTMARTRE, 10.

LA QUESTION POLONAISE

ET EUROPÉENNE

LE CONGRÈS ET NAPOLÉON III

Par le D^r Ad. CHAISÉS

AUTEUR DE LA BROCHURE L'AUTRICHE, MACHIAVEL ET L'ITALIE

PARIS

CHEZ DENTU, ÉDITEUR, PALAIS-ROYAL

ET CHEZ TOUS LES LIBRAIRES

1863.

LA QUESTION POLONAISE

ET EUROPÉENNE

LE CONGRÈS ET NAPOLÉON III

I.

PRELIMINAIRES.

La question polonaise, qui occupe aujourd'hui la première place au milieu de tous les grands problèmes sociaux, n'est qu'un accident dans la question européenne.

Il importe que la situation politique de l'Europe soit envisagée et définie nettement. Nous allons dissiper les ténèbres qu'on a entassés autour d'elle comme à plaisir.

Nous montrerons le monde slave grandissant à l'Orient et s'unissant par le despotisme, tandis que le monde germano-latin se décompose et se dissout chaque jour par la désunion.

Nous prouverons que, dominant tous les éléments multiples qui se livrent des batailles incessantes, il n'y a véritablement que deux forces vivaces en présence : le TZARISME et la CIVILISATION OCCIDENTALE.

D'une part, la Russie et les mille peuples qui lui sont soumis depuis les glaces du pôle jusqu'aux plateaux de l'Asie, c'est-à-dire les deux tiers de l'Europe continentale ;

D'autre part, l'esprit français, en lui adjoignant les races parvenues au même degré de civilisation que la France et dont elle est le centre, c'est-à-dire un tiers de l'Europe.

La question polonaise est un des actes de l'unification du monde slave par le despotisme moscovite, et l'acheminement de celui-ci vers Constantinople.

Pologne ! nation cinq fois martyre, les peuples civilisés sont tombés à genoux ! Ils ont tourné vers toi leurs regards et leurs voix attendries ; dans l'élan de leur enthousiasme, ils t'ont nommée leur sœur.

Mensonge fatal ! S'ils avaient été fiers comme toi, comme toi, patriotes et courageux, ils ne seraient pas demeurés entre leurs frontières lâchement prudents et inactifs.

L'Europe n'avait pas ton génie et ton cœur belliqueux, elle qui refusait la lutte en pensant que, mus par un sentiment de justice, tes envahisseurs t'épargneraient.

Ces nations n'étaient pas tes sœurs quand Nicolas de Russie répétait dans sa brutalité sauvage : *Je suis roi de la Pologne, je la roulerai* ! Et quand il te roulait dans ton sang, elles ne savaient te répondre que par cette ironie trop fameuse : *L'ordre règne à Varsovie*, et, plus tard, par cette autre parole égoïste : *Le sang de ses enfants n'appartient qu'à la France* !

A quoi t'ont servi les magnifiques homélies de M. Louis Blanc et les fleurs de rhétorique du Gouvernement provisoire ?

Voici maintenant que, pendant que les boucheries humaines sont à l'ordre du jour à Wilna, à Kiew, à Varsovie, à Plock, à Augustowo les hommes d'Etat des grandes puissances civilisées discutent froidement si les Polonais ont des motifs assez plausibles pour se plaindre du gouvernement du tzar; des rhéteurs et des sophistes trop fameux, qui ne cherchent à briller que par la contradiction, se font des avocats des Moscovites à Paris et à Londres, célébrant les douceurs de Mourawieff et de Berg !

Malheureuse Pologne ! nation brave entre toutes, ne dois-tu donc ressusciter et refleurir que dans la couronne du monde slave ?

Il nous a paru que cette grande question polonaise devait être reprise malgré les limaçons de la presse qui ont promené sur elle leur traînée repoussante d'hypothèses vulgaires, de patriotisme équivoque et d'ardeurs stipendiées, en haine de tous les sophismes accumulés depuis tant d'années sur cette question.

Hâtons-nous de déclarer que nous protestons d'avance contre toute interprétation de nos sentiments et de nos paroles qui pourrait les présenter comme contraires aux intérêts de la France et de l'humanité même.

Mais nous aimons trop la France pour la tromper ; le monde entier a trop besoin de son initiative pour que nous ne nous inquiétions pas de son attitude indécise.

Que la France cesse de s'abandonner aux préoccupations matérielles de l'époque ! A John Bull de penser que le *roast-beef* et le *porter* sont bons à l'homme, et que la vie est un capital qu'il ne faut dépenser qu'à propos ! La France ne peut abandonner la cause de l'humanité ; sa mission providentielle lui en fait une loi.

Nous allons mettre en lumière l'attitude politique comparée des trois puissances principales, responsables de la liberté religieuse et politique des Polonais. Et dût l'Autriche (1) ainsi que l'Angleterre et les autres puissances, se tordre sous la blessure de notre plume, nous dirons ce qui est, car lorsqu'on lutte on ne peut être vainqueur qu'à la condition de bien connaître ses ennemis. Or, la France doit *connaître ses deux alliés principaux*.

---

(1) Etranger à la France, mais son fils par les attaches du cœur, le rôle que nous avons joué dans les événements politiques nous autorise à parler en connaissance de cause. (*L'auteur.*)

II.

L'AUTRICHE.

Dès le dix-septième siècle, on voit la France et l'Angleterre présider aux progrès comme aux destinées de l'Europe. Ces deux puissances dominatrices de l'Occident tenaient en mains les rênes de la politique générale ; elles fixaient l'opinion, réglaient les idées et les mœurs, tandis que les autres nations les considéraient comme puissances types.

L'Autriche seule resta stationnaire, et plus d'une fois, par la faiblesse et l'impéritie de son gouvernement, elle fut près de sombrer.

Tandis que les Anglais préludaient à la puissance formidable de leur marine, en France, Richelieu décapitait la féodalité bien moins maladroitement que Robespierre ne le fît plus tard.

L'Autriche demeura rétrograde ; son système gouvernemental n'a cherché à s'assimiler les idées modernes que pour les dénaturer ; le cabinet de Vienne s'est imaginé alors de pouvoir vaincre l'esprit et les tendances des peuples de son empire par un retour violent au catholicisme du Concile de Trente, comme plus tard en concluant le Concordat avec la cour de Rome et en poursuivant avec persévérance l'exécution des clauses de ce contrat.

Aujourd'hui, les partisans de l'Autriche se demandent eux-mêmes si ce n'est pas une erreur de croire à l'avénement d'une ère de lumière et de civilisation pour cet empire soi-disant constitutionnel, et s'il ne faut pas plutôt penser que le gouvernement a reculé jusqu'à Charles-Quint qui, le premier, se mit à la tête de cette croisade contre le progrès.

Lorsque le despotisme de la maison de Habsbourg-Lorraine, à bout d'expédients, arbora le drapeau constitutionnel, les hommes du libéralisme entonnèrent l'hosanna de ce soleil levant.

On sait comment se manifesta le nouveau régime : par le maintien du Concordat, par le refus de la liberté des cultes, par la conservation de la bastonnade que l'Autriche administre le plus démocratiquement du monde à ses enfants civils et militaires, et l'on refuse au Corps législatif le droit de voter les impôts.

MM. de Rechberg et de Schmerling ont toujours été prodigues de grands mots et de serments : autant de mystifications !

L'Autriche *constitutionnelle* est une chimère, une fiction. Seule, l'Autriche *militaire* règne par l'état de siége déguisé, en Hongrie, en Croatie, en Gallicie, en Bohème et à Venise.

L'Autriche (1) impose à ses sujets pour but de la vie l'expiation, et comme moyen, l'obéissance aveugle.

Elle propose en outre comme guide la lettre morte d'un catéchisme enseigné à l'enfance crédule par un prêtre réputé infaillible. *Catholicisme et bastonnade*, telle est sa devise. Sa politique nourrit un mépris brutal contre l'individu et ses droits ; elle a une haine implacable contre les nationalités ; elle croit pouvoir, par les liens d'une bureaucratie passive et servile, maintenir l'ensemble hétérogène que l'ambition de la maison de Habsbourg-Lorraine a réuni sous un même joug. Elle croit qu'elle pourra ainsi créer une unité factice et retenir par la force et la ruse un assemblage impossible de peuples frémissants.

Mais il n'est pas donné à la force brutale ni à la ruse de produire d'aussi grands résultats ; il n'est pas donné à des moyens factices de ce genre de constituer une nationalité *une* et homogène. Les petits moyens employés par une politique tortueuse, souvent efficaces dans un temps paisible, sont impuissants à une époque d'agitation et de mouvement, surtout dans la situation actuelle de l'Europe, lorsque l'autocrate du Nord s'apprête à lancer sur le vieux continent jusqu'à ses cavaliers de l'Asie, les Bashkirs et les Kalmouks.

Les événements se pressent, et déjà les adversaires se sont mesurés de l'œil.

Il faut qu'on le sache, c'est la destinée de la civilisation même qui se joue en Pologne.

---

(1) Voir notre brochure *l'Autriche, Machiavel et l'Italie*. Dentu, éditeur.
(*L'auteur.*)

La prudence et la diplomatie devaient inciter Napoléon III à ne pas agir isolément et à s'adresser à l'Autriche et à l'Angleterre.

Mais l'Autriche qui n'a d'un empire que le nom, la caducité fardée, les oripeaux blafards, véritable mythe enfanté par l'imagination de la diplomatie ; l'Autriche n'a cessé de poursuivre d'une haine séculaire, instinctive et sourdement irréconciliable la France, qui est l'aînée des races latines, le boulevard des sociétés civilisées et le dépositaire des grands principes de 89 : c'est la jalousie du pot de terre contre le pot de fer.

En outre, l'Autriche régnant sur vingt nations différentes, divisées en cinq groupes principaux : Slaves, Hongrois, Allemands, Italiens et Roumains, n'est qu'une agglomération de différents peuples, éléments passionnément hostiles les uns aux autres, ce qui rend sa position difficile et la place, pour ainsi dire, entre l'enclume et le marteau, entre l'Occident et la Russie.

Depuis des siècles elle a eu recours à la ruse et à l'habileté pour maintenir cet équilibre de forces qui tendent constamment à se désagréger ; mais cet équilibre n'est plus possible avec la marée montante des grandes questions nationales et sociales.

Déjà le monde est fatigué des hésitations, des fluctuations et des attermoiements de la diplomatie de Rechberg.

N'est-il pas manifeste qu'excepté ses deux notes envoyées au prince Gortschakoff, notes d'ailleurs qui n'engagent et ne compromettent d'aucune sorte le cabinet de Vienne, l'Autriche a servi d'auxiliaire à la Russie dans son œuvre satanique de répression du mouvement national en Pologne ?

Nous citons la *Gazette allemande* parmi trente autres journaux étrangers : — « Un corps de 250 Galliciens s'étant formé à Bzeszow, les troupes autrichiennes se mirent aussitôt en marche et s'emparèrent de 150 jeunes gens, de 15 chariots remplis d'armes et de munitions, et de 44 chevaux. »

Ignore-t-on la chasse aux volontaires pratiquée par la police austro-moscovite jusqu'au 19 octobre, et la conduite infâme des autorités autrichiennes en Gallicie (1), ainsi que les traitements barbares réservés, à Olmutz, aux détenus suspects de sympathie pour l'insurrection ?

Et qui ne connaît en outre les complaisances inqualifiables de M. de Mensdorf, gouverneur de la Gallicie ? Toutes les autorités militaires autrichiennes sont continuellement en conférences ouvertes avec les officiers russes à Brody, à Radziwil et à Cracovie. Là où les Russes sont démunis de forces, c'est M. de Mensdorf lui-même qui se charge de faire garder les frontières, et rien ne peut égaler le zèle avec lequel il sert le Moscovite (2).

En présence de ces faits monstrueux, nous demandons s'il n'existe véritablement pas une convention russo-autrichienne analogue à celle de M. de Bismark ?

L'Empereur Napoléon III, avec ses aspirations élevées, a cru d'abord pouvoir compter sur l'intelligence politique de la maison de Habsbourg, grandement intéressée à ne pas laisser le gouvernement de Saint-Pétersbourg s'assimiler définitivement la Pologne. Mais ce que le général Bonaparte écrivait au Directoire à propos de la cour de Naples : « *Cette cour est perfide et bête,* » est parfaitement appli-

---

(1) M. de Schmerling prétend que les Polonais de Gallicie protègent la révolution qui tend à séparer la Gallicie de l'empire autrichien. M. le ministre de la police affirme qu'il existe à Cracovie un gouvernement occulte qui s'arroge le droit d'une autorité légitime, etc. Mais le député Zublheiewicz prouve que depuis six mois, ainsi avant l'invention de M. de Schmerling d'une prétendue conspiration occulte en Gallicie, on a fait des perquisitions domiciliaires chaque nuit, avec des chiens ; qu'on a tiré les femmes demi nues de leurs lits, pour chercher des volontaires polonais jusque sous les matelas. — Nous demandons à l'Europe si l'Autriche a un droit quelconque sur Cracovie, *ville libre*, reconnue indépendante par toutes les puissances, et que l'Autriche a envahie, malgré la protestation de la France et de l'Angleterre ? Ah ! l'Autriche invoque les traités quand ses intérêts l'exigent; et les viole effrontément quand son égoïsme brutal le commande ! Et M. de Schmerling vient parler de légalité ! C'est là le renversement de toute idée de justice.

(2) On a toujours vu que les Allemands, ordinairement éclairés, instruits et bienveillants dans leur pays natal, deviennent au dehors des bourreaux acharnés. Ainsi les Haynau en Hongrie, les Mensdorf à Léopol, les Berg à Varsovie, les Adlersberg, et autres noms en *berg* de la même famille.

cable à celle de Vienne. Aujourd'hui, l'Empereur des Français, qui n'a pu se laisser éblouir par les paroles d'un jeune ambassadeur, trop fort du nom de son père, doit être bien convaincu de l'insuccès de toute nouvelle démarche tendant à une entente cordiale entre la France et l'Autriche, et il ne peut plus vouloir laisser se prolonger une action diplomatique qui, pour peu qu'elle continue, aurait pour conséquence inévitable l'extermination d'un peuple frère par les Huns du Nord.

L'Autriche, qui, en 1848-49, a frisé de près le démembrement et la ruine, devrait se souvenir qu'elle s'est relevée en 1855, grâce à son alliance avec l'Angleterre et la France. Après s'être déclarée nettement contre les prétentions de la Russie, on l'a vue se complaire, comme elle fait encore aujourd'hui, dans les voies tortueuses de sa diplomatie, et réussir, en adhérant à la politique occidentale, à s'emparer adroitement des Principautés danubiennes. Il est de toute évidence que la Russie n'oubliera jamais que l'Autriche a trouvé plus commode d'étonner le monde par la grandeur de son ingratitude, et qu'elle lui tiendra un jour compte de sa conduite passée et actuelle.

Un général russe a défini ainsi la situation des deux empires : « Au début de la guerre d'Orient, nous nous sommes trompés de chemin : pour aller à Constantinople, il fallait d'abord passer par Vienne. »

L'Autriche n'ignore pas le mépris et la haine qu'elle inspire aux Russes. Pourquoi donc voyons-nous le gouvernement de Vienne flottant encore indécis sur la marche à suivre, lorsque son salut, son avenir, les attaches mêmes du principe catholique, tout enfin devrait l'engager dans une action immédiate et énergique, de concert avec la France ?

Comme nous l'avons démontré, l'Autriche est conséquente avec son passé, avec sa politique constante qui est de nager entre deux eaux. En définitive, la cour de Vienne craint le développement du progrès et les principes de 89.

Voici le raisonnement de MM. Rechberg et Schmerling : « Si le *conservantisme*, représenté jusqu'à présent par la Russie, venait à crouler, l'Autriche verrait se révolter tous les peuples divers qu'elle régit et qui ne sont tenus ensemble que par un lien de concentration gouvernementale. »

Or, l'Autriche redoute autant d'entrer dans la ligue occidentale, à la suite de la France, que dans la ligue orientale, à la suite de la Russie. Prévoyant que, d'une part comme de l'autre, elle aurait beaucoup à perdre, elle cherche à garder l'équilibre entre deux forces qui l'effraient également, et à obtenir, par une habile et pacifique politique, des garanties et des avantages.

Il nous semble superflu de réfuter la futilité et l'insuffisance de pareilles combinaisons.

D'abord, ce n'est pas le conservantisme que la Russie porte en elle, mais la révolution, et cela fatalement.

Le gouvernement autrichien ne peut échapper à une ruine imminente qu'en rejetant, conjointement avec la France, le géant du Nord par-delà ses frontières d'avant 1772.

On objectera que la Russie est très-forte, et qu'elle dispose de cet immense flot de peuples qui, de l'extrême Orient, s'élève, cherchant son niveau pour déborder.

Raison de plus : il faut une digue à cet envahissement, et cette digue, c'est le rétablissement de la Pologne.

Malheureusement, l'Autriche a une foi trop aveugle dans ses Mensdorf et Rechberg et dans l'habileté de sa politique. Qu'elle ne compte pas trop sur ses ressources matérielles, car si elle n'abandonne pas la voie des tergiversations, si elle n'aide pas la France à refouler la Russie, alors elle ne tardera pas à voir son étoile pâlir pour toujours et l'aigle à deux têtes abattue et broyée sous les pieds des nationalités triomphantes.

Le représentant de l'idée autrichienne par excellence, l'incarnation de la Sainte-Alliance, Metternich, se croyait, lui et son système, à l'abri de tout événement à courte échéance. La vague de 1848 monta et le submergea, en même temps que l'échafaudage misérable érigé si péniblement en 1815 contre la France.

Quel enseignement pour les Rechberg et les Schmerling !

Nous dirons avec un écrivain polonais : « Voilà la marée qui monte de nouveau, nous voyons l'Autriche naviguer à travers la bourrasque et les rafales, toutes voiles déployées ; mais qu'elle ait soin de se diriger d'après les phares clairs et radieux, et non d'après des feux de paille trompeurs qui l'attireraient contre les récifs escarpés. Pour faire bonne route il faut prendre pour boussole la justice, et pour pilotes la décision, le progrès et l'humanité. »

Autrement on cherchera en vain le pavillon autrichien au milieu de la tempête des événements.

Avant d'en finir avec l'Autriche, signalons encore que, malgré les événements qui se sont passés en Europe, comme l'avénement au trône d'un Napoléon, l'indépendance de la Grèce, de la Belgique, de l'Italie, et malgré l'évidence, et malgré les paroles solennelles de l'Empereur des Français, les traités de 1815 n'ont pas cessé d'exister pour la chancellerie de Vienne, et pour quelques esprits baroques ou malades qui traitent les autres de niais et qui prétendent n'avoir d'évangile que les actes du Congrès de Vienne.

Un journal officiel de Vienne a osé prétendre que l'Autriche avait toujours exécuté loyalement ces traités.

L'a-t-elle fait à propos de la république de Cracovie, et de l'autonomie du royaume de Pologne garantie par toutes les puissances?

Nous maintenons donc en dépit des Calebs de l'ultramontanisme et de quelques démocrates à courte vue, que l'empire d'Autriche est un paradoxe; que son Église avec le Concordat est une tyrannie intolérable; que la misère, dans toute l'étendue de son territoire, est affreuse, et que sa politique nourrira toujours une haine implacable contre la France, qui est la grande promotrice du principe des nationalités.

Nous maintenons que la politique autrichienne n'a pas cessé d'avoir deux visages; que sa parole est double, et qu'aux avantages illicites qu'elle retire d'un semblant de libéralisme elle réunit les bénéfices clandestins que lui procure son entente avec le despotisme; nous affirmons que, si l'Autriche a tout à gagner en s'alliant avec l'Occident, malheureusement les avantages de l'alliance autrichienne seraient nuls pour la France.

Et, en effet, à l'union des puissances occidentales, l'Autriche ne peut apporter que ses embarras financiers, ses complications intérieures, ses peurs et ses trahisons.

La France pourrait-elle bien saluer de ses cris de triomphe cette adhésion suspecte, et ne sait-elle plus faire le total de plusieurs zéros?

L'Autriche n'est pas une puissance; c'est une *impuissance*.

III.

L'ANGLETERRE.

Qu'attendre de l'Angleterre qui, après la paix de Villafranca, souleva des passions odieuses contre l'Empereur des Français?

Aujourd'hui encore, ses menées ténébreuses ne sont-elles pas dirigées contre la dynastie napoléonienne?

Lord Palmerston, passé maître dans la politique à double face, s'apprête à traîner aux gémonies ce qu'il a adoré; car il a beau se poser comme l'homme qui sait régler les événements, il comprend instinctivement que l'insurrection polonaise est le prologue d'un drame terrible, et la première étincelle du grand conflit européen qui doit embraser le vieux monde.

Sous l'empire de cette crainte, le gouvernement britannique excite les intérêts peureux de la nation, ou plutôt de l'oligarchie anglaise contre la France; il l'entoure d'un réseau permanent de haines, en dénonçant aux gouvernements étrangers comme un danger a participation de cette puissance au réveil des nationalités opprimées.

Or, les John Russell, les Rechberg, les Bismark se rappellent avec effroi ces paroles prophétiques de Napoléon Ier : « Le premier souverain qui, à la première grande mêlée, embrassera de bonne foi la cause sacrée des peuples, se trouvera à la tête de l'Europe et fera ce qu'il voudra. » (1) Alors, à la faveur des lumières universellement répandues, serait-il permis de rêver, pour la grande famille européenne,

---

(1) *Mémorial de Sainte-Hélène*, tome VIII.

l'application du congrès américain, ou celle des amphictyons de la Grèce... Quel grand et magnifique spectacle !

Le *statu quo* européen, en tant qu'il ne gênait pas son exploitation des peuples, a toujours été pour l'Angleterre un dogme. Son entente soi-disant intime avec la France n'a été qu'un moyen de conjurer la prépondérance de la Russie en Asie. Au fond, l'Angleterre aimait la Sainte-Alliance : le constitutionnalisme anglais, système bâtard qui divise avec la prétention d'équilibrer, qui transporte dans l'ordre politique les injustices de l'ordre social, ne peut évidemment être qu'au service des aristocraties établies.

La révolution de 1848, l'avénement de l'Empereur Napoléon III et les grands changements survenus par contre-coup en Autriche et en Russie, ayant porté un coup mortel au conservantisme des idées, base première de la Sainte-Alliance, l'autre base, le prétendu équilibre territorial européen, se trouva fortement ébranlée, et l'Angleterre, pour sa part, a cherché dès lors à garder l'équilibre en cajolant et en trompant tout le monde en vertu de cet odieux principe : *Chacun chez soi, chacun pour soi.*

Malgré l'évidence que l'ethnographie de l'Europe, si péniblement combinée et si arbitrairement établie par le Congrès de Vienne, est devenue chose impossible, l'Angleterre cherche néanmoins un replâtrage qui certes, s'il s'effectue, ne durera pas autant que celui de 1815. Le gouvernement britannique *craint* un congrès sous les auspices de la France. Il ne peut admettre le principe des nationalités. En effet, qu'adviendrait-il ? Les îles et les empires des grandes mers voudraient dès lors s'appartenir : Jersey, Guernesey, Aurigny reviendraient à la France; Gibraltar s'annexerait à la péninsule Ibérique; Malte, Périm et Aden retrouveraient leurs anciens maîtres, etc., etc.

D'autre part, la Russie a juré l'extermination de cette puissance britannique qu'elle a trouvée partout sur le chemin de son ambition. C'est vers Constantinople qu'elle étend ses vues comme sur le lieu qui doit réunir les membres épars de sa domination future, et l'assurer, en l'étendant sur le bassin de la Méditerranée, contre les intérêts politiques de l'Europe.

Tous les peuples savent ce que coûte aux nations le monopole de la Grande-Bretagne.

Quoi qu'elle fasse, l'Angleterre doit subir les leçons du temps ; elle cédera à la volonté de l'Europe, car son pouvoir repose sur la division et pèse trop lourdement sur l'humanité.

Les Anglais, on ne le sait que trop, n'ont en politique que des principes essentiellement égoïstes et jaloux, ceux d'une politique surannée. L'Angleterre repousse l'explosion de ces tendances généreuses qui menacent la vieille Europe d'un ébranlement profond ; elle se montre opiniâtrément froide et insensible à leur égard, parce qu'elle n'y a point d'intérêt direct et que l'initiative qui cherche à leur donner satisfaction provient de la France, son alliée.

L'Angleterre, voulant la paix à tout prix, tourne dans un cercle vicieux et demande un *congrès avant le congrès*, c'est-à-dire un développement préalable de la question, et elle se refusera, tout autant que l'Autriche même, à toute proposition préalable.

L'Angleterre ne se bat jamais pour une idée sacrée, mais elle est prompte à tirer l'épée pour un intérêt mercantile. Là où l'Angleterre ne sait être généreuse, son égoïsme l'entraîne à être injuste.

IV.

LA PRUSSE.

Quel doit être le rôle de la Prusse ?

L'antagonisme bien connu de cette puissance contre l'Autriche, antagonisme qui a éclaté récemment encore au congrès de Francfort, convoqué par l'empereur François-Joseph. est basé sur son ambition de dominer l'Allemagne.

L'Autriche et la Prusse se paralysent donc l'une par l'autre, et leur politique extérieure se ressent de leur rivalité.

Politiquement, l'Autriche, en 1805, a abdiqué la couronne impériale ; depuis, la dictature allemande lui a échappé : elle ne peut l ressaisir avec les complications présentes, et un avenir gros d'orages.

Les liens qui, d'ailleurs, rattachent l'Autriche à la Confédération germanique, sont bien factices quand on les compare à ceux qui rattachent la Prusse aux trente-cinq autres Etats souverains.

Placée vers l'est, seulement avec 6 millions 3,000,000 Allemands, l'Autriche ne pourra lutter longtemps sur le terrain du germanisme avec la Prusse, qui se trouve au centre même de la nation allemande, avec une population homogène de 16 millions, une instruction et des principes démocratiques et sociaux très-développés.

Le cabinet de Vienne, pour mettre fin à une rivalité grandement préjudiciable aux deux parties, ferait bien d'abandonner la prépondérance sur l'Allemagne à la Prusse, qui se détacherait aussitôt de l'alliance russe, alliance qui ne lui serait plus profitable.

L'Autriche aurait alors le droit d'exiger la restitution du grand-duché de Posen à la Pologne et, pour elle-même, celle de la Silésie avec d'autres dédommagements.

En examinant de sang-froid de quel côté les sympathies et les intérêts mêmes de la Prusse doivent conduire sa politique, on reconnaîtra que le cabinet de Berlin, placé entre les deux termes extrêmes du problème social, l'Orient slave et l'Occident franco-latin, doit se ranger du côté de la civilisation contre la barbarie et faire cause commune avec la France pour reconstituer la Pologne.

Malheureusement, c'est Guillaume de Prusse et un Bismark-Schœnhausen qui règnent à Berlin. Ces Dons Quichottes de la féodalité trahissent la cause allemande pour l'alliance russe. M. de Bismark déclinera le congrès proposé par l'Empereur des Français, ou s'il l'accepte, ne sera-ce qu'avec des restrictions suggérées par l'Angleterre et l'Autriche.

M. de Bismark appelle de tous ses vœux l'invasion cosaque et le partage qui, selon lui, suivra la conquête ; il rêve déjà que la Prusse sera récompensée par une partie de la Belgique, par la Hollande, la Lorraine, Neuchâtel, Fribourg, et la plupart des Etats d'Allemagne sur lesquels s'étend aujourd'hui sa protection.

Mais il est douteux que les événements se déroulent de la sorte. Il est à croire, au contraire, que si M. de Bismark ne pose pas en Prusse une base nationale et allemande, rationnellement démocratique et progressive; que, s'il n'entre pas dans l'alliance occidentale contre la Russie, il sera, lui et son échafaudage politique, englouti sous les débris du droit divin.

Alors le Wurtemberg, les deux Hesses, Nassau et les autres parties de la Confédération se rallieront effectivement à l'Autriche; et la Prusse, réduite à son seul duché de Brandbourg, se verra éliminée du concert germanique.

V.

LA RUSSIE.

Nous lisons, en parcourant le testament de Pierre Ier qui, d'ailleurs, n'était nullement Grand, « qu'il était éclairé par Dieu lui-
» même, qui lui a dit de regarder le peuple russe comme appelé par
» l'avenir à la domination générale de l'Europe. »

Les descendants de ce barbare couronné et leurs ministres se sont faits ses exécuteurs testamentaires, violant tout sentiment humain et comprimant tout remords.

La Russie a donc une *sainte mission cosaque*.

Elle n'accorde qu'un souverain mépris à la véritable civilisation, et à toutes ses luttes glorieuses pour conquérir l'indépendance des peuples et la liberté individuelle.

L'Occident lui semble être un immense Bicêtre pour lequel les Berg, les Mourawieff, les Anikoff et les Wittgenstein sont les meilleurs médecins.

Et, tout en jugeant ainsi les nations civilisées, le tzarisme, qui n'ignore pas quels intérêts multiples, politiques, dynastiques et sociaux les divisent, les disloquent et les rongent, fait son profit de toutes ces divisions qu'il favorise, semant partout des agents, de l'or et des méfiances, en même temps qu'il s'assure, en se ralliant toutes les races slaves du rit grec, d'un peuple homogène, fort, impitoyable, d'un peuple de soldats qu'il déchaînera un jour en vagues impétueuses sur les capitales occidentales.

En étudiant la race slave, au Sud et au Nord, à l'Orient et à l'Occident, on demeure convaincu que les peuples slaves ont les mêmes caractères politiques et religieux et les mêmes intérêts.

Aussi le tzarisme, qui a la conscience de sa mission, sait-il qu'il ne doit plus parler aux populations qui l'entourent au nom de la seule nation russe, mais au nom du *panslavisme* qui, avec le christianisme du *pope*, forme les deux leviers de sa politique en Orient.

Au nom du christianisme grec, le tzarisme enlève les Roumains et les Hellènes au patriarche de Constantinople, et, au nom du panslavisme, il détache les Slaves de tous pays des dominations temporelles qu'ils subissent.

Cette tendance vers une nationalité commune est si puissante chez les Slaves, que les despotismes l'exploitent pour étouffer la liberté des races moins nombreuses que la conquête a réunies avec eux. Ainsi, en 1848 et 49, c'est au nom du panslavisme que les autocrates du Nord ont étouffé les révolutions italienne et hongroise; ils excitaient les Croates, de souche slave, les peuples nouveaux contre les peuples anciens, d'origine latine, roumaine et madgyare. Contre toute nouvelle révolution italienne ou hongroise, ils emploiraient la même politique.

Partant de là, nous soutenons que le combat naval de Navarin fut un acte de *démence nationale*, et que c'est pour l'intérêt seul de la Russie que fut taillé dans les domaines de la Sublime-Porte ce petit lambeau de royaume constitutionnel sans avenir, donné à un fils de Bavière.

Nous soutenons que, plus tard, la France et l'Angleterre auraient dû venir en aide à la Hongrie dans sa dernière guerre, car cette guerre était soutenue par la nationalité madgyare contre l'unité slave ; c'eût été la consécration du droit des nationalités.

Nous soutenons, en outre, que les Slaves du rit grec, à tous les appels de la Russie, répondront toujours avec un enthousiasme général, parce que cette puissance, bloc compact, est seule assez puissante pour rassembler les groupes épars de leur race et les rallier forcément dans une action commune, de même qu'elle les absorbe tous dans une étroite communauté d'origine, de force, de coutumes et de religion.

Le tzarisme est le despotisme le plus incontesté, par conséquent le plus agissant et le plus absolu de tous.

Il est maître des biens et de la vie de ses sujets. Tous les Russes sont esclaves. Le tzarisme n'a pas de limites ; il est spirituel (1), temporel, judiciaire, législatif, exécutif... tout, enfin : il lève un doigt et tout obéit.

Entre l'autorité du tzar et l'action du peuple russe, entre le commandement brutal et le bras qui exécute, il n'y a pas d'intermédiaires, comme dans l'Occident. L'aristocratie a été moissonnée par Ivan le Terrible, Pierre le Grand et Catherine ; il n'y a pas de bourgeoisie en Russie ; le tiers-Etat n'y est pas constitué ; il manque des richesses, de la considération et des relations sociales qui font un *ordre;* ce n'est que depuis peu que les enfants des marchands sont admis dans les universités ; ils ne peuvent parvenir ni à la noblesse ni aux fonctions publiques ou *Tchinn*; les juifs ont été chassés de Pétersbourg par Nicolas, qui leur fit couper les cheveux, fermer leurs écoles et les astreignit à porter un costume particulier. Or, la bourgeoisie est cette classe dont les intérêts égoïstes et poltrons jusqu'à l'évanouissement, détournent de la guerre et de la résolution les gouvernements qui sont à la merci du crédit de ses banquiers. La soif de conquêtes de la Russie ne sera pas éteinte par sa petite bourgeoisie allemande ou juive, sans influence et misérable.

Au moyen des colonies militaires, fondées sous Alexandre par Aracktcheieff, toute la Russie a été rompue aux mœurs des camps. Dans ses colonies, serfs et soldats sont réunis sous un commande-

---

(1) Voici le quatrième commandement de Dieu, rédigé d'après les soins du tzar orthodoxe, autocrate et souverain pontife de toutes les Russies :

« L'autorité de l'empereur est divine. On lui *doit* culte, soumission, service, amour, actions de grâces, prières ; en un mot, *adoration*. Il faut l'adorer en paroles, en signes, en actions, dans le fond du cœur. Il faut respecter les autorités qu'il nomme, parce qu'elles nous viennent de lui. L'empereur est le vicaire de Dieu. »

ment despotique. Ce système, mêlant les soldats et les laboureurs des campagnes, a vu son influence s'étendre partout.

Tout l'empire, en outre, est une armée. La hiérarchie du *Tchinn* a ses cadres et ses régiments. La Russie, c'est l'idéal de la discipline, des *cités ouvrières*, des *ateliers nationaux*, de l'organisation du travail par l'autorité, ou le communisme de la caserne et de la prison. Les chefs supérieurs de l'armée, civile ou militaire, ne peuvent parvenir hiérarchiquement au commandement, selon le mode usité dans presque tous les pays d'Occident; tout dépend de la volonté du pouvoir suprême. Cette organisation est bien certainement favorable aux desseins de l'autocratisme.

Jamais despotisme militaire plus complet n'a existé dans le monde. La Russie est comme un vaste camp toujours sur le *qui-vive*, c'est une horde toujours prête à se ruer sur les nations d'Occident : l'armée c'est la Russie, et la Russie c'est une armée.

Les Russo-Slaves ont cette extrême foi, cette témérité puissante des peuples qui n'ont pas encore accompli leurs destinées. Ils sont poussés en avant par leur sève exubérante et les souffrances d'un despotisme séculaire ; par les prophéties de leurs devins, par le fanatisme de leurs prêtres, l'ambition de leurs généraux et l'enthousiasme national. Sauvages et audacieux, tous aiment la guerre parce qu'elle donne le pillage.

Depuis que les négociations diplomatiques ont été entamées à l'occasion des massacres à l'ordre du jour en Pologne, il s'est formé deux partis en Europe : le parti de la paix et celui de la guerre.

Le parti de la paix, c'est-à-dire de la diplomatie.

Ce parti veut que l'on ait foi dans son œuvre. Il a prétendu que la diplomatie enrayerait le char des événements qui menacent de la guerre, lorsqu'elle n'a fait qu'entreprendre la mystification en grand de l'Occident.

Aujourd'hui, de l'aveu de tous les publicistes, anglais, français et allemands, le czar a ouvertement violé les droits les plus sacrés de l'humanité, et affiché le mépris le plus hautain des grandes nations de l'Europe. Il a dépassé en violences et en cruautés les prévisions de ses plus fervents amis.

VI.

LE PARTI DE LA GUERRE.

Le parti de la guerre, qui compte dans ses rangs tous les hommes sincèrement attachés aux idées généreuses d'une civilisation progressive, tous les esprits élevés de l'Allemagne, de l'Angleterre, de la France, du monde entier, en un mot, le parti de la guerre ne veut pas la guerre pour elle-même, mais comme une nécessité sociale, malheureusement inévitable en présence de l'asservissement dont menace un despotisme insatiable.

Nous ne ferons pas appel à la générosité ni à la justice des nations civilisées en faveur de la patrie de Sobieski. Mais pour elles-mêmes, pour leur salut, nous les conjurons de faire grande hâte pour sauver leur alliée naturelle; car si la Pologne succombe, c'en est fait de l'Occident civilisé.

L'Europe s'en va, se dit le parti russe : aussi veut-il réaliser sa mission non pas *sacrée*, mais *infernale*.

Ce n'est pas pour rien que les peuples dont la Russie dispose occupent les vastes plaines qui entourent la chaîne des Carpates, là même où les Goths, les Huns, les Vandales et les Tartares avaient dressé leurs tentes. Pareils à ces peuples qui se trouvaient déshérités et à l'étroit dans les pays qu'ils occupaient, les Russo-Slaves s'apprêtent à déborder comme les flots d'une mer en furie.

A l'appui de ce que nous avançons, voici un remarquable article publié par la *Patrie*, sous le titre : *Panslavisme*. On y verra ce que la Russie a déjà gagné, grâce à la pusillanimité européenne :

Le *panslavisme* est, on le sait, l'unification de tous les peuples d'origine slave sous le sceptre de la Russie, projetée par Pierre Ier et poursuivie sans relâche par tous ses descendants. Afin de donner une idée des dangers qui résulteraient pour l'Occident de cette agglomération de la race slave, la plus nombreuse en Europe, sous un gouvernement barbare, nous mettrons sous les yeux de nos lecteurs le tableau suivant, composé d'après les travaux de Malte-Brun de Schnitzler, du général J. Bem, etc., et qui présente sommairement les envahissements successifs du tzarat de Moscou, depuis son origine jusqu'à nos jours.

Tzarat (grand-duché) de Moscovie.

DATES ET FAITS.	Etendue en milles carrés géog.	Population.
1328, à l'avénement d'Ivan (à la bourse).	4,656	6,290 000
1462, à l'avénement d'Ivan Ier.	18,474	
1503, à la mort d'Ivan Ier.	37,137	
1584, à la mort d'Ivan II.	125,465	
1645, à la mort de Michel Ier.	454.361	
1682, à l'avénement de Pierre Ier.	203,900	16,000,000

Empire de Russie.

1725, à l'avénement de Catherine Ire.	273,815	20,000,000
1762, Idem de Catherine II.	319,538	25,000,000
1796, à la mort de Catherine II.	331,830	33,000,000
1825, à la mort d'Alexandre Ier.	367,494	56,000,000
1831, à la prise de Varsovie.	363,764	60,000,000

C'est-à-dire que, depuis deux siècles, la Russie a doublé son territoire, et que depuis cent ans, elle a triplé sa population.

Ses conquêtes depuis soixante ans sont égales à tout ce qu'elle possédait en Europe avant cette époque.

Ses conquêtes sur la Suède sont plus grandes que tout le reste de ce royaume.

Ses conquêtes sur les Tartares ont une étendue égale à celle de la Turquie d'Europe, avec la Grèce, l'Italie et l'Espagne.

Ses conquêtes sur la Turquie d'Europe sont plus grandes que le royaume de Prusse, moins les provinces rhénanes.

Ses conquêtes sur la Turquie asiatique sont égales à tous les petits Etats de l'Allemagne.

Ses conquêtes sur la Perse sont égales à l'Angleterre.

Ses conquêtes sur la Pologne sont égales à tout l'empire d'Autriche.

En dépouillant le chiffre de la population, on trouve :

2,000,000 pour les tribus du Caucase.
4,000,000 pour les Cosaques, les Kirghises et les Géorgiens.
5,000,000 pour les Turcs, les Mongols et les Tartares.
6,000,000 pour les Suédois, les Finnois et les Ouraliens.
20,000,000 pour les Moscovites du rit grec-schismatique.
23,000,000 pour les Polonais du rit romain et grec-uni.
―――――――
60,000,000

La population de l'ancienne Pologne compte pour les 2/5 de la population totale, sur 1/8 du territoire.

C'est-à-dire que l'élément polonais s'y trouve en très-grande majorité relativement à tous les autres.

Cependant, en admettant la possibilité de la conquête de l'empire ottoman par la Russie, le chiffre de sa population grossirait de la manière suivante :

1º	La Russie d'Europe et d'Asie,	56,000,000
2º	Le royaume de Pologne (1815),	4,000,000
3º	La population slave en Autriche,	15,000,000
4º	— en Prusse,	2,000,000
5º	La Moldo-Valachie et la Serbie,	2,000,000
6º	La Grèce et la Turquie (moins l'Egypte),	20,000,000

C'est-à-dire que la Russie, après la réunion des peuples slaves (roumains et schismatiques) et l'occupation de Constantinople, qui en serait la première conséquence, aurait une population de 100,000,000 d'habitants sur la sixième partie du globe.

Cent millions d'hommes, tel est donc le total de la population de l'empire *greco-slave* rêvé par le czar Pierre Ier, et qui deviendrait nécessairement une réalité par l'absorption de la Pologne.

Qu'on se figure de quelle avant-garde et de quelle réserve la Russie pourrait disposer.

D'après ces données, basées sur des chiffres incontestables, le dernier terme du panslavisme serait la domination universelle.

Le monde slave, ainsi réalisé, reconnaîtrait pour limites : au Nord, les mers de glace ; au Sud, les mers du Soleil, de Venise à Stamboul ; à l'Est, les Etats-Unis de l'Amérique nouvelle ; à l'Ouest, Vienne, l'arrière-garde de notre vieux monde, la ville de sinistre augure, où le glaive de Waterloo découpa sur la carte de l'Europe des nationalités de convention.

Là le monde greco-slave — ici le monde gallo-romain.

Les nations occidentales se résoudront-elles enfin à conjurer une nouvelle invasion qui, réorganisée dans un sens cosaque, ferait reculer la civilisation éperdue jusqu'à la nuit des temps les plus barbares avec une armée de 20,000,000 de soldats?

Que doit faire la France ?

La France est le Messie des nations; comme le Christ prêchait aux hommes la fraternité, elle a proclamé parmi les peuples le principe de la liberté universelle. — *Gesta Dei per Francos*.

Sa nationalité n'est en quelque sorte que sa solidarité avec les nationalités opprimées.

La France est l'aînée du monde comme elle en est le soleil, et le moindre éclat de sa voix inspirée éveille autour d'elle des millions d'échos.

L'Empereur Napoléon connaît cette nation privilégiée à qui sa grandeur même impose d'immenses devoirs, et il a conçu l'idée d'un Congrès, devant trancher par l'équité et non par le glaive le nœud gordien des événements, véritables pâques des peuples, concile humanitaire dans la pensée sublime de celui qui l'a émise.

Malheureusement, devant l'aveuglement opiniâtre et l'égoïsme invétéré des autres gouvernements jaloux de la France, ce mot: *Congrès* est pour eux un déplacement de la question : *Guerre ou paix?* Or, ils nient hardiment que le Congrès par lui-même *soit une solution*.

L'Empereur Napoléon III a eu la conscience d'élever la question européenne à sa plus haute conception politique. Il a mis à nu la vieille Europe, minée par le temps et par ses mauvais gouvernements. Il a pesé les traités de 1815 qui ont cessé d'exister ; les droits sans titres et les prétentions basées sur un passé mort à tout jamais.

Mais l'Europe continentale ne veut pas se rallier à ces vérités et à ces hautes considérations.

L'Autriche, qui a toujours eu le triste privilége de créer des difficultés basées sur un système préconçu de méfiance et d'ambition exclusive, se fait déjà remarquer par la couleur sombre de ses prévisions et l'amertume des réflexions de sa presse officielle et officieuse. Elle adhère et n'adhère pas, ou du moins elle fait des restrictions, et marche à la remorque de l'Angleterre qui refuse net.

Quant à la Prusse, si elle prend part au Congrès, ce ne sera que pour mieux jeter la pomme de discorde, se faire l'avocat de la Russie et former avec l'Autriche et l'Angleterre un faisceau d'antagonismes contre le projet de l'Empereur Napoléon III et contre la cause des nationalités, surtout contre celle de la Pologne.

L'Angleterre, nous l'avons prouvé, ne peut voir surgir la question des nationalités sans l'envisager comme un vautour prêt à la dévorer. — L'Angleterre sceptique ne croit pas à cette maladie de consomption de l'Europe, décrite par Napoléon III, car les périls du continent et les douleurs des nations opprimées ne l'affectent qu'indirectement. Aussi se borne-t-elle à donner aux peuples des conseils de gazette quand ils serrent dans leurs bras le fusil des révoltés.

Est-ce à dire pour cela que la France doive, comme l'Angleterre, se contenter de répandre plus d'encre que de sang? Assurément non.

La France n'avalera pas l'affront d'un chancelier russe, et ne courbera la tête pas plus devant le Nord envahisseur que devant le monde entier. Elle n'attendra pas que les coursiers de l'Ukraine s'élancent hennissants, et que Berlin sonne le boute-selle de l'invasion. La vieille Gaule ne craint que la chute des cieux !

A l'Angleterre seule, à l'Angleterre mercantile, qui pèse, calcule et *fait de l'argent*, de se laisser délivrer un brevet de lâcheté, en ne lavant pas dans le sang de son ennemi l'affront dont un barbare a stygmatisé sa joue !

Mais l'Empereur Napoléon, sorti de l'acclamation populaire et non l'élu de la réaction, est assez fort pour jeter son épée dans la balance des destinées européennes et rester fidèle à son origine et aux glorieux principes de 89.

Depuis 1848 jusqu'à 1854, nulle question importante n'a été résolue. Ce temps a été le prologue de la nouvelle révolution des peuples. Le drame ensuite a commencé, le grand drame des nationalités !

Le discours de l'Empereur Napoléon III a nettement rendu les idées de l'époque : c'est la liberté des peuples qui est en cause en Pologne et à Venise; c'est la liberté religieuse que Rome ne veut pas reconnaître.

Les Autrichiens, et principalement les Anglais, disent de l'idée du congrès : *is but a dream*, c'est une utopie. Eh bien ! si ce grand rêve avorte et n'enfante pas les saintes réalisations qu'il porte en lui, la responsabilité de la déception retombera tout entière non sur le souverain auguste qui a jeté cette semence féconde dans les champs de l'avenir, mais sur les défenseurs aveugles de la réaction et de l'absolutisme, sur les restaurateurs forcenés d'un passé qui s'écroule, sur ceux qui possèdent les quatre vices cardinaux : le protestantisme piétiste et déclamatoire, le catholicisme du Concordat, la vanité et l'intrigue !

Avant l'avénement du règne de la paix permanente et universelle une dernière guerre est nécessaire : celle de la revendication des droits imprescriptibles des peuples contre les usurpations de la conquête et les iniquités des traités.

Le moment suprême de l'énergie et de l'audace est enfin venu.

Mais que les grands principes du pacte définitif de l'humanité soient énoncés en paroles de granit, exemptes de toute ambiguité d'interprétation ; sans cela les catastrophes se multiplieront.

Surtout point de demi-mesure ; pour réussir il faut de la décision et de la hardiesse.

VII.

LA MISSION DE LA FRANCE.

Qu'on relise Machiavel ; il semble avoir prévu l'avénement de Napoléon Ier, car nous lisons dans ce grand politique le passage suivant où on croirait l'entendre se demander :

Qu'est-ce que Napoléon Ier? (1) « C'est la décision, c'est l'audace irrésistible, c'est le général qui marche sur la patrie, au moment où il vient de remporter ses victoires, pour la sauver de l'anarchie, et

---

1) Prince, chap. 7.

qui prévient par la promptitude les stratagèmes de ses ennemis. Pour rendre le peuple paisible, il lui donne un bon gouvernement. Il se fait aimer et craindre des populations, suivre et vénérer par ses soldats, il est sévère et reconnaissant, magnanime et libéral. »

— Mais il est conquérant. « Renonce à tes conquêtes ou achève-les. » —Or, Napoléon toujours attaqué, ne peut y renoncer; toujours magnanime et libéral, il ne peut les achever. Il dépossède les dynasties et, contre l'avis de Machiavel, il les laisse vivre ; il ne dévaste pas les royaumes qu'il a conquis ; il ne rase ni Vienne, ni Berlin ; il ne transporte pas les populations en masse, il laisse tous ses ennemis debout, avec les ressources et les haines de la rébellion. Comment pourra-t-il les contenir? Par les traités? — « Qu'il y prenne garde, répond Machiavel, les traités auront les propriétés royales de le tromper. » — Pourquoi un si grand homme fut-il sacrifié? — « Parce qu'il avait hésité, parce qu'il avait placé sa force dans les traités et dans des alliances de famille. — Lorsque deux hommes, dit Machiavel, aspirent à la même grandeur, il leur est facile de devenir *parents, jamais amis.* »

D'après Machiavel, Charles X est le roi héréditaire qui se fait un jeu des lois fondamentales de la monarchie. La fatalité condamnait Charles X à commettre la faute grave, selon Machiavel, de violer la Constitution ; il ne pouvait réussir ; le pays était démocratique.

Louis-Philippe, arrivé au pouvoir par une révolution, comprit parfaitement qu'il n'avait à redouter qu'un seul ennemi, la république ; de là toute sa politique, celle de Machiavel : il brise la masse des républicains, il recrute ses hommes dans la révolution, des hommes éprouvés qu'il use et compromet ; il est le roi des propriétaires, le génie tutélaire de la Bourse. Les crises ? Il les impute à Dieu. Louis-Philippe avait imparfaitement étudié Machiavel ; il vit qu'il devait se fonder sur l'inégalité et la corruption, et il créa l'aristocratie de l'argent. Il donna libre essor à la dette flottante et fit absorber par le Trésor les fonds des caisses d'épargne ; calcul très-ingénieux, car, à la moindre insurrection, ce n'était pas seulement la Bourse ou le niveau de la rente qui se trouvaient menacés, mais la France qui devait être à la merci des créanciers de l'Etat. Ainsi la dette flottante attachait la France à la fortune du roi.

Ce système supposait la permanence de la paix. De là toute la politique étrangère de Louis-Philippe, conséquente, il faut le dire, avec la logique de Machiavel : on sacrifie les peuples et on s'allie avec les rois pour rentrer dans le concert européen. Louis-Philippe, obéissant aux injonctions de la Sainte-Alliance, dut insulter au réveil national de la Suisse, à la renaissance de l'Italie et à la révolution polonaise, entreprise pour sa sécurité. Ce roi, l'idole des bourgeois, devint plus rétrograde que le Pape ; son trop de finesse le perdit : quand, à la fin, il se trouva en présence du problème de la réforme électorale, il découvrit que le pays officiel de la monarchie était une fiction. Il ne reconnaissait ses fautes que dans les actes extérieurs. Il ne voulut jamais être indécis comme Louis XVI, ni tenter la guerre comme Napoléon, ni risquer le jeu de Charles X ; et il échoua par la corruption et parce qu'il n'eut jamais la conscience de la mission et de la dignité de la France.

Vint la révolution de Février, protestation du peuple indigné contre la bourgeoisie corrompue ; puis la dictature du général Cavaignac, qui fut le triomphe éphémère de la bourgeoisie du juste milieu. Le système *cavaignaquiste* ne pouvait s'implanter, car « ce sont les dictatures prises, dit Machiavel, et non les dictatures acceptées qui se perpétuent, » *le pigliate* et non *le date*.

Le vote national écarta Cavaignac, qui dut céder la place à Louis-Napoléon Bonaparte.

VIII.

CONCLUSION.

Qu'est-ce que l'Empereur doit faire ?

« Imite les *Médicis*, lui dira Machiavel, fonde-toi sur le peuple, sois le dictateur des ouvriers et des masses. La bourgeoisie officielle ne peut tenir devant les lois démocratiques. Ne te laisses pas tromper par la réaction et tu seras l'élu du vote universel. Tu es le parvenu, et le parvenu sera adoré, si tu ne te rallies pas à la vieille religion. Attache-toi à la religion du peuple et tu t'identifieras avec lui. Mets-toi à la tête des nationalités opprimées; aide la vieille Europe à mourir et tu prépareras l'enfantement de l'Europe nouvelle, fille du droit et de la justice. »

En effet, la régénération comprendra toutes les parties de l'édifice social ; l'asservissement à l'industrie et à la propriété privilégiée est devenu général, et tout homme est enchaîné à un maître de qui dépend son pain du jour et celui du lendemain. Dans toutes les branches de l'activité humaine, nous retrouvons les fils de la bourgeoisie qui exploitent le travail et l'étouffent dans leurs embrassements mortels. Les découvertes du travail n'ont encore guère profité qu'à l'oisiveté.

Or, nous disons à l'Empereur Napoléon :

« Sire, retournez les sillons de la vieille France, vous les conserverez. La nécessité des temps et la grandeur des choses à accomplir sont telles, que vous avez besoin d'hommes plus durs que des chênes. Détournez-vous des hommes corrompus, égoïstes, qui ne sont qu'une matière vénale ; suivez les indications de votre cœur et de votre conscience, ainsi que celle de l'histoire de votre famille : elles vous prouveront que c'est sur les instincts populaires que vous devez vous appuyer, car le peuple a la force, il a l'enthousiasme, il a le patriotisme et l'intuition profonde de ces grandes vérités qui font que pour lui la Pologne est un culte, et son rétablissement un devoir. »

Il a surgi en Russie un principe fou de despotisme.

S'il ne se trouve pas en France un homme fou de liberté et de justice, qui arrache la Pologne au tzarisme unitaire, pour en faire le rempart de notre civilisation, bientôt, à un signe du tzar, la masse des Slaves-Russes accomplira son itinéraire jusqu'à Constantinople, et de là roulera sur le monde occidental, comme une avalanche, entraînant les autres peuples sur son passage.

Que la France, qui, seule, peut et doit tenir tête au géant du Nord, ne compte donc ni sur l'Angleterre, qui se renfermera dans son égoïsme jusqu'au jour où elle apprendra ce qu'il en coûte de s'enrichir en exploitant les peuples ; ni sur l'Autriche, ni sur la Prusse,

www.ingramcontent.com/pod-product-compliance
Lightning Source LLC
Chambersburg PA
CBHW060913050426
42453CB00010B/1691